上海市工程建设规范

道路隧道消防设施养护技术标准

Technical standard of maintenance for road tunnel fire protection facilities

DG/TJ 08—2378—2021
J 15984—2021

主编单位：上海市道路运输事业发展中心
同济大学
批准部门：上海市住房和城乡建设管理委员会
施行日期：2022 年 2 月 1 日

同济大学出版社

2022　上海

图书在版编目(CIP)数据

道路隧道消防设施养护技术标准/上海市道路运输事业发展中心，同济大学主编. —上海：同济大学出版社，2022.10

ISBN 978-7-5765-0186-5

Ⅰ.①道… Ⅱ.①上… ②同… Ⅲ.①公路隧道-消防设备-设备管理-技术标准-上海 Ⅳ.①U459.2-65

中国版本图书馆 CIP 数据核字(2022)第 046033 号

道路隧道消防设施养护技术标准

上海市道路运输事业发展中心
同济大学　主编

责任编辑　朱　勇
责任校对　徐春莲
封面设计　陈益平

出版发行　同济大学出版社　www.tongjipress.com.cn
（地址：上海市四平路 1239 号　邮编：200092　电话：021－65985622）
经　　销　全国各地新华书店
印　　刷　浦江求真印务有限公司
开　　本　889mm×1194mm　1/32
印　　张　3
字　　数　81 000
版　　次　2022 年 10 月第 1 版
版　　次　2022 年 10 月第 1 次印刷
书　　号　ISBN 978-7-5765-0186-5
定　　价　30.00 元

上海市住房和城乡建设管理委员会文件

沪建标定〔2021〕585 号

上海市住房和城乡建设管理委员会
关于批准《道路隧道消防设施养护技术标准》
为上海市工程建设规范的通知

各有关单位：

由上海市道路运输事业发展中心和同济大学主编的《道路隧道消防设施养护技术标准》，经我委审核，现批准为上海市工程建设规范，统一编号为 DG/TJ 08—2378—2021，自 2022 年 2 月 1 日起实施。

本标准由上海市住房和城乡建设管理委员会负责管理，上海市道路运输事业发展中心负责解释。

上海市住房和城乡建设管理委员会

二〇二一年九月十五日

前 言

为规范道路隧道消防设施的养护工作，统一养护技术标准，提高养护质量和技术水平，使消防设施持续处于良好的技术状态，根据上海市住房和城乡建设管理委员会《关于印发〈2015 年上海市工程建设规范编制计划（第二批）〉的通知》（沪建管〔2015〕450 号）的要求，由上海市道路运输事业发展中心和同济大学会同有关单位共同完成了《道路隧道消防设施养护技术标准》的编制工作。在编制过程中，编制组参考了有关的国家、行业、地方规范和标准，并广泛征求了有关专家的意见，经反复修改后制定了本标准。

本标准共分 13 章和 5 个附录，主要内容包括：总则；术语；基本规定；检测与评估；火灾报警系统的养护；消防给水和灭火系统的养护；通风和排烟系统的养护；疏散、救援和防火分隔系统的养护；消防应急照明系统的养护；附属用房消防系统的养护；现场综合检测与评估；维修；养护信息管理。

各单位及相关人员在执行本标准过程中，如有意见和建议，请反馈至上海市交通建设工程管理中心（地址：上海市丰和路 1 号；邮编：200120；E-mail：jgzx@jtw.shanghai.gov.cn），同济大学（地址：上海市四平路 1239 号；邮编：200092；E-mail：07101@tongji.edu.cn），上海市建筑建材业市场管理总站（地址：上海市小木桥路 683 号；邮编：200032；E-mail：shgcbz@163.com），以供修订时参考。

主 编 单 位：上海市道路运输事业发展中心
同济大学

参 编 单 位：上海市消防救援总队
上海市政工程设计研究总院(集团)有限公司
上海市城市建设设计研究总院(集团)有限公司
上海市隧道工程轨道交通设计研究院
上海城建城市运营(集团)有限公司

主要起草人：商国平　闫治国　王　曦　宋　飞　施永泉
杜新民　俞黎阳　王佳斌　冯益民　冯　峻
刘兆吉　李　青　吴晓维　沈　蓉　张列学
张　怡　林　涛　周　湧　胡　波　胡　晓
施孝增

主要审查人：钱寅泉　朱晓蓉　韩　新　范永清　张　湄
刘培智　周伟健

上海市建筑建材业市场管理总站

目　次

Contents

1 总 则

1.0.1 为规范道路隧道消防设施的养护工作，统一养护技术标准，提高养护质量和技术水平，使消防设施持续处于良好的技术状态，结合上海市道路隧道的实际运行情况，制定本标准。

1.0.2 本标准适用于城市和公路道路隧道的消防设施养护。

1.0.3 道路隧道消防设施养护，除符合本标准的规定外，尚应符合国家、行业和本市现行有关标准的规定。

2 术 语

2.0.1 道路隧道消防设施 fire protection facilities of road tunnel

道路隧道中设置的用于火灾报警、灭火、排烟、人员疏散、防火分隔以及灭火救援行动等设施的总称。

2.0.2 日常养护 routine maintenance

对道路隧道消防设施进行预防性和计划性的检查、养护及故障维修工作，使之经常处于完好状态。

2.0.3 火灾自动报警系统 automatic fire alarm system

探测火灾早期特征、发出火灾报警信号，为人员疏散、防止火灾蔓延和启动自动灭火设备提供控制与指示的消防系统。

2.0.4 通风和排烟系统 ventilation and smoke evacuation system

由通风(排烟)口、通风(排烟)竖井、通风(排烟)风机和控制设备等组成，为通风和排烟而安装在道路隧道内的系统。

2.0.5 疏散系统 evacuation system

道路隧道内为疏散路线提供的建筑设施。

2.0.6 消防应急照明系统 fire emergency lighting system

当道路隧道内发生火灾时，用以为人员疏散逃生、防灾救援提供照明的系统。

2.0.7 设备运行状态 equipment operation state

消防设备本身处于缺失、损坏、待机或开机运行的状态。

2.0.8 设备性能状态 equipment function state

消防设备实现设计功能的状态。

2.0.9 设备技术状态 equipment technical state

消防设备运行及实现设计功能的状态，包括运行状态及性能状态。

2.0.10 评估指标 evaluation index

表征消防设备运行状态、性能状态的参数。

2.0.11 在线检测 on-line monitoring

实时获取消防设施的运行参数并分析评估其技术状态。

2.0.12 技术状态评估 evaluation of technical state

基于对消防设施运行数据的采集、分析与处理,实现对其技术状态完好性的评价。

2.0.13 火灾报警时间 fire alarm response time

火灾发生和火灾报警系统报警之间的时间差。

2.0.14 设备联动时间 equipment response time

火灾探测器发出报警信号和联动设备动作之间的时间差。

2.0.15 现场综合检测与评估 integration testing and evaluation

通过现场火灾测试,全面测试评估道路隧道消防设施单个系统以及消防设施整体的运行状态指标、性能状态指标及系统联动性能。

2.0.16 标准火 standard fire

用于开展道路隧道消防设施现场综合检测和评估所使用的模拟火源,其火灾规模根据道路隧道内火灾自动报警系统应响应的最小强度火灾确定。

2.0.17 消防设施智慧养护系统 smart maintenance system for fire protection facilities

道路隧道内设置的软硬件系统,其基于养护数据采集、建模与分析,实现消防设施养护的标准化、规范化,并实现对消防设施运行大数据的深度加工与利用,为正常运营时消防设施技术状态评估及火灾工况时的应急响应提供支持。

3 基本规定

3.1 养护内容与流程

3.1.1 养护单位应对道路隧道消防设施按标准、规范或技术说明书开展以保证其处于正常技术状态的养护工作。

3.1.2 道路隧道消防设施的养护工作应包括下列内容：

1 日常养护：包括消防设施的常规保养、系统软件和应用软件维护、数据清理、定期或按需更换各种易耗品、易耗部件及小修等工作内容。

2 检测评估：按规定频次和项目，对道路隧道消防设施开展日常检查、在线检测及综合检测，并对其技术状态进行评估。

3 维修：包括故障维修及应急抢修。

4 信息管理：包括道路隧道消防设施养护信息的采集、存储及分析，以及养护技术文档的编制工作。

3.1.3 消防设施的日常养护应包括巡查、检测、保养、维修、建档等工作。

3.1.4 道路隧道消防设施应按图 3.1.4 的流程实施养护与检测评估工作。

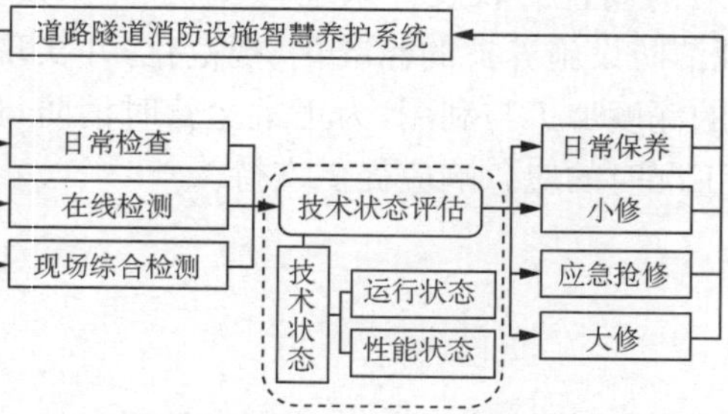

图 3.1.4 道路隧道消防设施养护与检测评估流程

3.2 养护管理

3.2.1 消防设施的养护应由具备专业能力的单位及人员实施。

3.2.2 养护单位应针对道路隧道结构特点、交通量特征、消防设施配置情况，制订完善的消防设施检查、评估与养护计划，并严格按计划对消防设施开展养护。

3.2.3 养护单位应建立健全下列消防设施养护管理制度：

1 应建立消防设施使用、维护保养、管理制度。

2 应建立养护人员火灾安全、消防设施操作、维护及应急抢修等专业培训制度。

3 应建立养护人员持证上岗制度。

4 应建立易损设备、部件备品备件管理制度。

5 应建立消防设施养护废弃物处置制度。

6 应根据道路隧道火灾特点，组织制订灭火救援和人、车应急疏散预案，并定期实施演练。

3.2.4 消防设施应保持连续正常的运行状态，养护单位不得随意中断、屏蔽全部或部分设备。因消防设施、设备检查、维护等需要部分中断消防设备，养护单位应在全面评估后，及时采取有效的临时性措施。

3.2.5 消防设施养护单位应根据消防设施使用要求制定操作规程，明确操作人员，并应符合下列规定：

1 中央控制室、管理中心消防控制室、具有消防配电功能的配电室、消防水泵房、应急救援点等重要的消防设施操作场所，应根据道路隧道消防设施的运行特点建立适应的值班制度，确保火灾情况下能及时、正确地操作消防设施。

2 火警处理流程、值班时间等应符合现行国家标准《建筑消防设施的维护管理》GB 25201 以及国家、地方的相关规定。

3.2.6 日常养护及检测评估不应影响或中断消防设施的正常工作。

3.2.7 消防设施的养护应贯彻主动预防性原则，通过检测和评估掌握系统的技术状态，及时消除隐患。

3.2.8 消防设施的养护宜采用信息化技术。

3.2.9 养护单位应根据消防设施养护及维修的需要配备相应的养护设备。

3.2.10 养护人员应严格按照相关规程操作养护设备，并应定期保养。

3.2.11 消防设施的日常养护应按现行上海市工程建设规范《市政道路机电系统维护技术规程》DG/TJ 08—2171 的相关规定执行。

4 检测与评估

4.1 一般规定

4.1.1 消防设施的检测与评估应包括日常检查与评估、在线检测与评估、综合检测与评估。

1 日常检查与评估:养护单位应按规定频次和项目检查评估道路隧道内消防设施的技术状态,并进行相应的保养和小修工作。

2 在线检测与评估:宜对重要消防设备开展在线技术状态检测与评估。

3 综合检测与评估:应通过在道路隧道内开展的标准模拟火灾试验,综合检测与评估消防设施在火灾工况下的技术状态,以及火灾事故应急处置预案的可行性。

4.1.2 消防设施的检测与评估应满足下列要求:

1 日常检查中,养护单位应根据设备的运行状况,及时进行保养及小修工作。当完成一轮检查后,应计算相应系统或设备的技术状态分值。

2 配备在线检测的系统或设备,应实时计算对应系统或设备的技术状态分值,并给出维修对策。

3 综合检测与评估中,应根据各系统、设备及整体设施的技术状态及评估标准,得出合格或不合格的评估结论,并按本标准附录 A 出具道路隧道消防设施现场综合检测评估报告。

4 综合检测与评估完成后,应综合日常检查、在线检测及综合检测的结果,计算消防设施的技术状态分值,按本标准附录 B 出具道路隧道消防设施技术状态评估报告。

4.1.3 道路隧道消防设施技术状态评估报告编制的频次应与现

场综合检测评估的频次保持一致。

4.1.4 道路隧道消防设施技术状态评估报告应由主管部门组织专家进行评审与验收。

4.2 日常检查与评估

4.2.1 日常检查与评估应由具备专业能力的单位及人员实施。

4.2.2 日常检查与评估的内容应按本标准第 5～10 章的相关规定执行。

4.2.3 日常检查应完整记录检测周期内各消防系统、设备的故障部位、故障情况及频次，并计算故障率。

4.2.4 日常检查应不影响或中断消防设施的正常工作。

4.2.5 日常检查应符合现行上海市工程建设规范《市政道路机电系统维护技术规程》DG/TJ 08—2171 的相关规定。

4.3 在线检测与评估

4.3.1 在线检测与评估应由具备专业能力的单位及人员实施。

4.3.2 在线检测与评估的内容应按本标准第 5～10 章的相关规定执行。

4.3.3 在线检测应完整记录检测周期内各消防系统、设备的故障部位、故障情况及频次，并计算故障率。

4.4 综合检测与评估

4.4.1 综合检测与评估应经主管部门审批方案后，由具备专业能力的单位及人员实施。

4.4.2 综合检测与评估的内容及流程应按本标准第 11 章的相关规定执行。

4.5 技术状态评估

4.5.1 道路隧道应对消防设施、消防系统及所属设备进行技术状态评估，并应符合现行上海市工程建设规范《市政道路机电系统维护技术规程》DG/TJ 08—2171 和《隧道养护技术规程》DG/TJ 08—2175 的相关规定。

4.5.2 道路隧道消防设施技术状态评估应包括表 4.5.2 所示的消防设施、消防系统及所属设备。

表 4.5.2 道路隧道消防设施技术状态评估体系

	消防系统	类别	权重 ω_i	消防设备	类别	权重 ω_{ij}
消防设施	火灾报警系统	A	0.3	火灾探测器	A	0.30
				火灾报警控制器	A	0.20
				区域模块控制器	A	0.10
				图形显示工作站	B	0.05
				手动报警按钮	B	0.10
				声光报警器	B	0.05
				消防电话系统	B	0.05
				应急广播系统	B	0.05
				气体灭火报警系统	B	0.05
				防火门监控系统	B	0.05
	消防给水和灭火系统	A	0.25	给水系统	A	0.15
				气体顶压消防给水设备	B	0.05
				水泵	A	0.15
				电器控制柜	A	0.15
				水泵结合器	B	0.05
				管道	A	0.10
				阀门	A	0.10

续表4.5.2

	消防系统	类别	权重 ω_i	消防设备	类别	权重 ω_{ij}
消防设施	消防给水和灭火系统	A	0.25	消火栓	B	0.05
				报警阀组	B	0.05
				喷头	B	0.10
				水流监控组	B	0.05
	通风和排烟系统	B	0.25	送风机	B	0.05
				排烟风机	A	0.20
				射流风机	A	0.15
				送风口	B	0.05
				排烟口	A	0.15
				排烟阀	A	0.15
				防火阀	B	0.05
				排烟防火阀	B	0.05
				通风管道	B	0.15
	疏散、救援和防火分隔系统	B	0.1	疏散与救援通道	A	0.25
				疏散楼(滑)梯	A	0.25
				疏散指示系统	A	0.30
				应急车辆及停车场地	B	0.05
				应急救援物资储放场所	B	0.05
				防火墙、防火门及防火卷帘	B	0.10
	消防应急照明系统	B	0.1	照明灯具	A	0.35
				电源	A	0.35
				配电箱	B	0.30

4.5.3 各消防系统及其所属的消防设备可分为 A 和 B 两类，应按表 4.5.2 的规定执行。

4.5.4 消防设备的评估指标可分为 A 和 B 两类，应按本标准第 5～10 章的规定执行。

4.5.5 消防设施技术状态评估应基于日常检查、在线检测和综合检测所获取的数据实施。

4.5.6 消防设施技术状态评估得分计算应符合下列规定：

1 消防设备的评估得分按公式(4.5.6-1)～公式(4.5.6-3)计算。

$$E_{ij} = p_{ij} q_{ij} \tag{4.5.6-1}$$

$$p_{ij} = h_{ij} / H_{ij} \tag{4.5.6-2}$$

$$q_{ij} = \frac{1}{K} \sum_{k=1}^{K} e_k \tag{4.5.6-3}$$

式中：E_{ij}——第 i 类系统中的第 j 种消防设备的技术状态评估得分；

p_{ij}——第 i 类系统中的第 j 种消防设备的完好率，若 A 类消防设备出现缺失、停机，则 p_{ij} 取为 0；

h_{ij}——第 i 类系统中的第 j 种消防设备处于正常运行的数目；

H_{ij}——第 i 类系统中的第 j 种消防设备的总数；

q_{ij}——第 i 类系统中的第 j 种消防设备性能状态的评估得分；若其 A 类评估指标出现不合格，则 q_{ij} 取为 0；

K——第 i 类系统中的第 j 种消防设备的评估指标总数；

e_k——第 i 类系统中的第 j 种消防设备的第 k 个评估指标的得分，应按本标准附录 C 计算。

2 消防系统的评估得分按公式(4.5.6-4)计算。

$$S_i = \sum_{j=1}^{N} \omega_{ij} E_{ij} \tag{4.5.6-4}$$

式中：S_i——第 i 类消防系统的技术状态评估得分，若其包括的某种 A 类单项消防设备评估得分 E_{ij} 为 0，则 S_i 取为 0；

N——第 i 类消防系统包含的单项设备总数；

ω_{ij}——第 i 类消防系统中第 j 种设备的重要性权重，应按表 4.5.2 取值。

3 消防设施的评估得分按公式(4.5.6-5)计算。

$$F=\sum_{i=1}^{M}\omega_i S_i \tag{4.5.6-5}$$

式中：F——消防设施的技术状态评估得分，若其包括的某个 A 类消防系统评估得分为 0，则 F 取为 0；

M——消防设施包含的消防系统数；

ω_i——第 i 类消防系统的重要性权重，应按表 4.5.2 取值。

4.5.7 消防设施的技术状态基于其评估得分及现场综合检测评估结果综合确定。当现场综合检测不合格时，消防设施技术状态应评定为不合格。

4.5.8 消防设施技术状态等级应按表 4.5.8 分为Ⅰ级(良好)、Ⅱ级(合格)和Ⅲ级(不合格)三个级别。

表 4.5.8 消防设施技术状态评定等级

技术状态等级	判定标准	措施
Ⅰ级(良好)	技术状态评估得分为 90～100 分，且现场综合检测合格	日常保养
Ⅱ级(合格)	技术状态评估得分为 85～89 分，且现场综合检测合格	小修
	技术状态评估得分为 60～84 分；且现场综合检测合格	小修或部分零件更新
Ⅲ级(不合格)	技术状态评估得分小于 60 分，或现场综合检测不合格	应急抢修或大修

5 火灾报警系统的养护

5.1 一般规定

5.1.1 火灾报警系统的养护对象应包括火灾报警控制器、图形显示工作站、区域模块控制器、火灾探测器、手动报警按钮、声光报警器、消防电话系统、应急广播系统、气体灭火报警系统和防火门监控系统等。

5.1.2 火灾报警系统应满足现行行业标准《公路隧道养护技术规范》JTG H12 和现行上海市工程建设规范《市政道路机电系统维护技术规程》DG/TJ 08—2171 规定的运行技术要求。

5.1.3 火灾报警系统的工作参数应根据道路隧道的结构特点、运行现状和设备老化程度等实际情况及火灾安全设计目标进行调整。

5.2 技术状态评估指标

5.2.1 火灾报警系统涉及的设备其技术状态指标应满足国家、地方相关规范、标准的要求。

5.2.2 火灾报警系统的技术状态评估指标及得分应符合本标准表 C-1 的规定。

5.3 日常检查与养护

5.3.1 基本要求

1 火灾报警系统的日常养护应按现行国家标准《火灾自动

报警系统施工及验收标准》GB 50166、《建筑消防设施的维护管理》GB 25201 和现行上海市工程建设规范《市政道路机电系统维护技术规程》DG/TJ 08—2171 以及设备维修保养技术文件执行。

2 对于线型感温火灾探测器、点型火焰探测器及图像型火灾探测器，应定期采用专用火灾模拟设备对报警功能进行检查。

3 养护单位应及时处理各类误报警，排除故障，复位报警信号，排查误报原因。

5.3.2 检查内容及频次

1 火灾探测器的检查内容及频次应符合表 5.3.2-1 的规定。

表 5.3.2-1 火灾探测器的检查内容及频次

序号	检查内容	检查频次
1	通过火灾报警控制器巡检火灾探测器运行状态	1 次/月
2	点型火焰探测器视角、光窗口损伤及污染状况	1 次/月
3	图像型火灾探测器视角、光窗口损伤及污染状况	1 次/月
4	分批现场模拟火灾，检查光纤探测器、点型火焰探测器或图像型火灾探测器是否正确响应	1 次/季度

2 手动报警按钮的检查内容及频次应符合表 5.3.2-2 的规定。

表 5.3.2-2 手动报警按钮的检查内容及频次

序号	检查内容	检查频次
1	通过火灾报警控制器巡检手动报警按钮运行状态	1 次/月
2	分期分批表观巡查	1 次/月
3	分期分批模拟测试	2 次/年

3 火灾报警控制器的检查内容及频次应符合表 5.3.2-3 的规定。

表 5.3.2-3 火灾报警控制器的检查内容及频次

序号	检查内容	检查频次
1	控制器外观、工作界面、指示灯状态，主机时间信息及误差校正	1 次/月
2	巡检火灾自动报警系统报警、故障、复位和误报等信息	1 次/日
3	显示、控制、音响等功能	1 次/月
4	电源检查，主电源与备用电源自动切换测试	1 次/季
5	模拟探测器故障，检查报警情况	1 次/月

4 图形显示工作站的检查内容及频次应符合表 5.3.2-4 的规定。

表 5.3.2-4 图形显示工作站的检查内容及频次

序号	检查内容	检查频次
1	显示器表观巡查和工作界面检查	1 次/月
2	显示设备火警信息、故障信息、位置信息	1 次/月
3	数据库数据备份	1 次/月

5 警铃及声光报警器的检查内容及频次应符合表 5.3.2-5 的规定。

表 5.3.2-5 警铃及声光报警器的检查内容及频次

序号	检查内容	检查频次
1	设备表观巡查	1 次/月
2	模拟火灾状态下的响应测试	1 次/季度

6 区域模块控制器的检查内容及频次应符合表 5.3.2-6 的规定。

表 5.3.2-6 区域模块控制器的检查内容及频次

序号	检查内容	检查频次
1	通过火灾报警控制器巡检模块运行状态和报警信息	1 次/月
2	模块箱防水性能	1 次/季度
3	模块箱接地电阻检查，保证采用联合接地装置时接地电阻应≤1 Ω，独立的安全保护接地电阻应≤4 Ω	1 次/季度

7 消防电话系统的检查内容及频次应符合表 5.3.2-7 的规定。

表 5.3.2-7 消防电话系统的检查内容及频次

序号	检查内容	检查频次
1	消防电话主机外观、工作界面、指示灯状态；主机时间信息及误差校正	1 次/月
2	消防专用电话分机、电话插孔的外观完好性；线缆连接情况；呼叫响应的正确性；通话语音的清晰性	1 次/月
3	电源检查，主电源与备用电源自动切换测试	1 次/月

8 应急广播系统的检查内容及频次应符合表 5.3.2-8 的规定。

表 5.3.2-8 应急广播系统的检查内容及频次

序号	检查内容	检查频次
1	扬声器外观完好、音质清晰	1 次/月
2	广播主机仪表、指示灯显示状态	1 次/月
3	火警报警联动与消防广播	1 次/季
4	电源检查，主电源与备用电源自动切换测试	1 次/季

9 防火门监控系统的检查内容及频次应符合表 5.3.2-9 的规定。

表 5.3.2-9 防火门监控系统的检查内容及频次

序号	检查内容	检查频次
1	防火门监控器外观、工作界面和指示灯状态；主机时间信息及误差校正	1次/月
2	通过系统主机巡检门磁开关、电动闭门器故障	1次/日
3	现场控制器指示灯状态，门磁开关、电动闭门器外观以及接触状态	1次/月
4	电源检查，主电源与备用电源自动切换测试	1次/月

5.4 在线检测

5.4.1 火灾报警系统的在线检测应符合下列要求：

1 火灾报警控制器、气体灭火报警控制器、分布式光纤/光纤光栅感温火灾探测器、消防电话主机、应急广播主机、防火门监控器等设备应实时上传相关的状态信息。

2 信息上传的频次应为设备可上传的状态信息的最高频次。

5.4.2 在线检测的内容应包括下列项目：

1 火灾报警信息。

2 故障报警信息。

3 线型感温火灾探测器所采集的道路隧道全线各处的实时温度和温升梯度。

5.5 技术状态评估

5.5.1 火灾报警系统的技术状态评估得分应按本标准第4章的方法进行计算。

5.5.2 火灾报警系统的技术状态评估应与其他消防系统的评估时间、标准保持一致。

6 消防给水和灭火系统的养护

6.1 一般规定

6.1.1 消防给水和灭火系统的养护对象应包括各类消防泵组、消火栓、报警阀组、喷头、消防管道及附件等。

6.1.2 消防给水系统和灭火系统的故障参数、设备运行参数等状态信息应实时上传到中央控制室。

6.1.3 消防管道局部维修,应对管道维修段、接头及焊缝进行防渗防漏检验,达到现行国家标准《消防给水及消火栓系统技术规范》GB 50974 的相关要求。

6.1.4 自动灭火系统应具有向其他系统传递运行状态信息的功能。

6.1.5 自动灭火系统设备使用时间达到其设计寿命 50%以上时,维修保养的频次宜增加至原来的 1.2 倍。

6.1.6 自动灭火系统宜提供标准数据接口,通过与现场雨淋阀、控制阀等系统和设备进行连接,实时记录相关消防设备的报警数值和信息。

6.1.7 自动灭火系统应至少支持下列一种获取数据的接口:①基于 TCP 或 UDP 的自定义接口协议;②数据库;③Modbus 协议。

6.1.8 自动灭火系统宜配备泄漏监测报警功能。

6.1.9 自动灭火系统宜对泡沫箱液面、泡沫液 pH 值等配备实时监测报警装置。

6.2 技术状态评估指标

6.2.1 消防给水和灭火系统涉及的设备其技术状态指标应满足

国家、地方相关规范、标准的要求。

6.2.2 消防给水和灭火系统的技术状态评估指标及得分应符合本标准附录中表C-2的规定。

6.3 日常检查与养护

6.3.1 消防给水和灭火系统的日常检查和养护应符合下列要求：

1 按现行国家标准《建筑消防设施的维护管理》GB 25201和现行上海市工程建设规范《市政道路机电系统维护技术规程》DG/TJ 08—2171以及设备维修保养技术文件执行。

2 养护单位应巡查消防给水和灭火系统运行情况，及时排除故障。

6.3.2 消防给水和灭火系统的日常检查内容及频次应符合下列要求：

1 给水系统的检查内容及频次应符合表6.3.2-1的规定。

表6.3.2-1 给水系统的检查内容及频次

序号	检查内容	检查频次
1	管道渗漏、腐蚀	1次/季度
2	阀门渗漏、腐蚀	1次/季度
3	测试进水功能和液位检测装置报警功能	1次/月
4	补修、防腐	1次/年
5	泡沫pH值、泡沫液混合比等特殊检查	1次/月

2 水泵的检查内容及频次应符合表6.3.2-2的规定。

表6.3.2-2 水泵的检查内容及频次

序号	检查内容	检查频次
1	泵房照明及排水	1次/月

续表 6.3.2-2

序号	检查内容	检查频次
2	供水主泵的电机、泵体外观；机械密封	1次/季度
3	稳压泵(增压泵)运行状态	1次/季度
4	检查标牌标识是否完好、正确	1次/季度
5	机械润滑，加0号黄油	1次/季度
6	水泵运行，检查管网压力、流量、发热、振动及杂音	1次/月
7	水泵结合器充水加压测试	1次/年
8	安全泄压阀开启压力的校定	1次/年
9	检查和更换磨损元件(按设备维修手册执行)	1次/2年

3 电气控制柜的检查内容及频次应符合表6.3.2-3的规定。

表 6.3.2-3　电气控制柜的检查内容及频次

序号	检查内容	检查频次
1	检查控制柜外观，内、外部元件、导线、端子	1次/季度
2	确认控制柜手、自动状态，检查电源	1次/季度
3	检查标牌标识是否完好、正确	1次/季度
4	检查接地是否完好，螺丝有无松动	1次/季度
5	测试自动启动、停止水泵，主备切换功能	1次/季度

4 水泵结合器的检查内容及频次应符合表6.3.2-4的规定。

表 6.3.2-4　水泵结合器的检查内容及频次

序号	检查内容	检查频次
1	表现检查变形、损伤、锈蚀、渗漏	1次/季度
2	检查标牌标识是否完好、正确	1次/季度
3	接口及附件检查	1次/季度
4	防腐保养	1次/年

5 管道的检查内容及频次应符合表6.3.2-5的规定。

表6.3.2-5 管道的检查内容及频次

序号	检查内容	检查频次
1	管道（包括支架）防锈及表观维护，检查变形、损伤，锈蚀、渗漏	1次/季度
2	检查标牌标识是否完好、正确	1次/季度
3	检查表具压力指示	1次/季度

6 阀门（包括总进水阀、水源控制阀）的检查内容及频次应符合表6.3.2-6的规定。

表6.3.2-6 阀门的检查内容及频次

序号	检查内容	检查频次
1	表观检查变形、损伤，锈蚀、渗漏	1次/季度
2	检查标牌标识是否完好、正确	1次/季度
3	检查铅封，确认阀门开闭状态	1次/季度
4	总进水阀表观巡查，确认开闭状态	1次/季度
5	水源控制阀表观巡查，确认开闭状态	1次/月

7 供水测试的检查内容及频次应符合表6.3.2-7的规定。

表6.3.2-7 供水测试的检查内容及频次

序号	检查内容	检查频次
1	模拟系统渗漏，测试稳压泵、增压泵及气压水罐稳压、增压能力	2次/年
2	测试主、备泵切换功能；测试主泵供水压力	2次/年

6.3.3 消火栓的检查内容及频次应符合下列要求：

1 道路隧道外消火栓的检查内容及频次应符合表6.3.3-1的规定。

表 6.3.3-1　道路隧道外消火栓的检查内容及频次

序号	检查内容	检查频次
1	表观检查变形、损伤，锈蚀、渗漏	2次/年
2	检查标牌标识是否完好、正确	2次/年
3	检查配件完整情况	2次/年
4	防腐维护	1次/年
5	出水测试	1次/年

2　道路隧道内消火栓的检查内容及频次应符合表 6.3.3-2 的规定。

表 6.3.3-2　道路隧道内消火栓的检查内容及频次

序号	检查内容	检查频次
1	分期分批表观巡查	1次/月
2	分期分批周边环境检查	1次/月
3	分期分批消火栓位置指示标志检查	1次/月
4	分期分批检查配件完整情况	1次/月
5	分期分批表观检查启泵按钮、指示灯	1次/月
6	检查测试消火栓压力显示装置	1次/月
7	模拟启动信号，观察水泵启动、指示灯显示及反馈信号	1次/季度
8	消火栓出水测试	1次/年
9	测试最不利点及最有利点消火栓出水压力	1次/年

3　系统联动测试的检查内容及频次应符合表 6.3.3-3 的规定。

表 6.3.3-3　系统联动测试的检查内容及频次

序号	检查内容	检查频次
1	以自动、远程手动或就地应急启动方式，测试最不利处的喷放强度、出水压力、射程及流量	2次/年

6.3.4 自动喷水灭火系统的检查内容及频次应符合下列要求：

1 喷头的检查内容及频次应符合表 6.3.4-1 的规定。

表 6.3.4-1 喷头的检查内容及频次

序号	检查内容	检查频次
1	分期分批检查喷头外观	2 次/年
2	确认距周边障碍物或保护对象的距离	1 次/年
3	备品检查	1 次/月

2 报警阀组的检查内容及频次应符合表 6.3.4-2 的规定。

表 6.3.4-2 报警阀组的检查内容及频次

序号	检查内容	检查频次
1	表观巡查	1 次/月
2	检查进、出水口压力，确认阀门开闭状态	1 次/季
3	测试阀门的开闭是否操作灵活，有无锈蚀、卡死、不密封	1 次/月
4	内部清洗及放水测试，检查系统启动、报警功能及出水情况	1 次/季
5	膜瓣老化检测	1 次/年

3 水流监控组（包括水流指示器、信号阀）的检查内容及频次应符合表 6.3.4-3 的规定。

表 6.3.4-3 水流监控组的检查内容及频次

序号	检查内容	检查频次
1	确认区域监控阀开闭状态，检查阀门开闭操作，核对反馈信号	1 次/月
2	通过主机巡检信号阀状态	1 次/日
3	水流指示器动作	1 次/季

6.3.5 手持式灭火器的检查内容及频次应符合表 6.3.5 的规定。

表 6.3.5 手持式灭火器的检查内容及频次

序号	检查内容	检查频次
1	分批检查灭火器是否在有效使用期内	1次/月
2	分批检查压力/重量是否在规定范围内	1次/月
3	分批检查保险销有无锈蚀,转动是否灵活,铅封是否完好	1次/月
4	分批检查筒体、压把、阀体、喷管等有无严重损伤、变形、锈蚀	1次/月
5	分批检查铭牌标注的项目是否清楚齐全	1次/月

6.4 在线检测

6.4.1 在线检测应符合下列要求:

1 消防给水和灭火系统应实时上传相关的状态信息。

2 信息上传的频次应为设备可上传的状态信息的最高频次,且不宜低于1次/分钟。

3 上传信息应包括:

1) 压力信号。

2) 泡沫液 pH 值信号。

3) 泡沫箱液位信号。

4) 泄漏信号。

5) 雨淋阀压力开关信号。

6) 信号阀关闭信号。

7) 水泵缺相信号。

8) 电机过电流、过电压信号。

6.4.2 在线检测应包含下列内容:

1 日常压力差值。

2 故障信息。

3 泄漏报警信息。

4 雨淋阀上下腔压差值。

6.5 技术状态评估

6.5.1 消防给水和灭火系统的技术状态评估应按本标准第 4 章的方法进行评定。

6.5.2 消防给水和灭火系统的技术状态评估应与其他消防系统的评估时间、标准保持一致。

7 通风和排烟系统的养护

7.1 一般规定

7.1.1 通风和排烟系统的养护对象应包括送风机、排烟风机、射流风机、送风口、排烟口、排烟阀、防火阀、排烟防火阀、通风管道等。

7.1.2 通风和排烟系统应按要求做好养护工作，及时发现故障并排除。

7.1.3 通风和排烟系统的故障参数、设备运行参数等状态信息应实时上传到中央控制室。

7.1.4 通风和排烟系统进行定期检修或专项维修后应进行系统调试，并满足设计要求。

7.1.5 通风和排烟系统应具有向其他系统传递运行状态信息的功能。

7.1.6 通风和排烟系统的使用时间达到其设计寿命 50%以上时，维修保养的频次宜增加至原来的 1.2 倍。

7.1.7 通风和排烟系统应至少支持下列一种获取数据的接口：①基于 TCP 或 UDP 的自定义接口协议；②数据库；③Modbus 协议。

7.2 技术状态评估指标

7.2.1 通风和排烟系统涉及的设备其技术状态指标应满足国家、地方相关规范、标准的要求。

7.2.2 通风和排烟系统的技术状态评估指标及得分应符合本标准附录中表 C-3 的规定。

7.3 日常检查与养护

7.3.1 通风和排烟系统的日常养护应符合下列要求：

1 日常养护应按现行国家标准《建筑消防设施的维护管理》GB 25201 和现行上海市工程建设规范《市政道路机电系统维护技术规程》DG/TJ 08—2171 以及设备维修保养技术文件执行。

2 养护单位应巡查通风和排烟系统运行情况，及时排除故障。

7.3.2 检查内容及频次应符合下列要求：

1 风机（包括送风机、排烟风机、射流风机）的检查内容及频次应符合表 7.3.2-1 的规定。

表 7.3.2-1 风机的检查内容及频次

序号	检查内容	检查频次
1	检查风机运行电流、运行温升、运行声音	1 次/月
2	巡查风机表观、标识标牌，检测运行振动	1 次/月
3	保养风机整流罩、扩压管、基座	1 次/季
4	保养电机、扇叶、皮带、轴承	1 次/2 年
5	检测风机运行噪声，必要时开展金属探伤	1 次/年

2 风口（包括送风口、排烟口）的检查内容及频次应符合表 7.3.2-2 的规定。

表 7.3.2-2 风口的检查内容及频次

序号	检查内容	检查频次
1	分期分批检查风口与通风管道联接	1 次/月
2	分期分批巡查风口表观	1 次/季度
3	分期分批保养润滑、除尘	1 次/季度

3　阀门(包括排烟阀、防火阀、排烟防火阀)的检查内容及频次应符合表 7.3.2-3 的规定。

表 7.3.2-3　阀门的检查内容及频次

序号	检查内容	检查频次
1	分期分批检查手动控制	1 次/季度
2	分期分批巡查阀门表观	1 次/季度
3	分期分批保养润滑、除尘	1 次/季度
4	分期分批检测电动执行机构	1 次/季度

4　通风管道的检查内容及频次应符合表 7.3.2-4 的规定。

表 7.3.2-4　通风管道的检查内容及频次

序号	检查内容	检查频次
1	分期分批检查通风管道外形	1 次/月
2	分期分批巡查通风管道支座	1 次/月
3	分期分批保养管道支座、各部位金属构件	1 次/年

7.4　在线检测

7.4.1　在线检测应符合下列要求:

1　通风和排烟系统应实时上传相关的状态信息。

2　用于监控风机技术状态的外部监测系统应实时上传所采集的数据。

3　信息上传的频次应为设备可上传的状态信息的最高频次,且不宜低于 1 次/分钟。

7.4.2　在线检测应包含下列内容:

1　风机、排烟阀、与风机连锁的排烟防火阀、加压送风口等的运行状态参数。

2　故障信息。

7.5 技术状态评估

7.5.1 通风和排烟系统的技术状态评估应按本标准第 4 章的方法进行评定。

7.5.2 通风和排烟系统的技术状态评估应与其他消防系统的评估时间、标准保持一致。

8　疏散、救援和防火分隔系统的养护

8.1　一般规定

8.1.1　疏散、救援系统的养护对象应包括疏散与救援通道、疏散楼(滑)梯、应急车辆及停车场地、应急救援物资储放场所等。

8.1.2　防火分隔系统的养护对象应包括防火门窗及防火卷帘、防火墙、防火封堵、防火内衬等。

8.2　技术状态评估指标

8.2.1　疏散、救援和防火分隔系统涉及的设备其技术状态指标应满足国家、地方相关规范、标准的要求。

8.2.2　疏散、救援和防火分隔系统的技术状态评估指标及得分应符合本标准附录中表 C-4 的规定。

8.3　日常检查与养护

8.3.1　疏散、救援和防火分隔系统的日常养护应符合下列要求：

1　日常养护应按现行上海市工程建设规范《市政道路机电系统维护技术规程》DG/TJ 08—2171 以及设备维修保养技术文件执行。

2　单位应巡查疏散、救援和防火分隔系统运行情况，及时排除故障。

8.3.2　检查内容及频次应符合下列要求：

1　疏散、救援系统的检查内容及频次应符合表 8.3.2-1 的规定。

表 8.3.2-1　疏散、救援系统的检查内容及频次

序号	检查内容	检查频次
1	疏散通道门能否正常开启、关闭	1 次/月
2	逃生口盖板能否正常开启、关闭	1 次/月
3	疏散与救援通道、疏散楼(滑)梯、应急车辆停车场地障碍物移除,保持畅通	实时
4	应急救援物资储放场所保洁,环境符合物资储放要求	1 次/月

2　防火分隔系统的检查内容及频次应符合表 8.3.2-2 的规定。

表 8.3.2-2　防火分隔系统的检查内容及频次

序号	检查内容	检查频次
1	防火门、防火卷帘外观完整、固定良好、配件完整,正常启闭,无遮挡物	1 次/月
2	防火墙、防火封堵外观完整	1 次/季度
3	防火内衬外观完整,表面整洁	1 次/季度

8.4　在线检测

8.4.1　在线检测应符合下列要求:

1　疏散、救援和防火分隔系统应实时上传相关的状态信息。

2　信息上传的频次应为设备可上传的状态信息的最高频次,且不宜低于 1 次/分钟。

3　上传信息的格式应满足通用数据接口标准。

8.4.2　在线检测应包含下列内容:

1　救援通道、疏散楼(滑)梯、防火门窗及防火卷帘等的运行状态参数。

2　故障信息。

8.5 技术状态评估

8.5.1 疏散、救援和防火分隔系统的技术状态评估应按本标准第 4 章的方法进行评定。

8.5.2 疏散、救援和防火分隔系统的技术状态评估应与其他消防系统的评估时间、标准保持一致。

9 消防应急照明系统的养护

9.1 一般规定

9.1.1 消防应急照明和疏散指示系统的故障参数、设备运行参数等状态信息应实时上传到中央控制室，系统的各项参数应满足现行国家标准《消防应急照明和疏散指示系统技术标准》GB 51309 中的相关规定。

9.1.2 消防应急照明和疏散指示系统的使用时间达到其设计寿命 50％以上时，养护的频次宜增加至原来的 1.2 倍。

9.1.3 消防应急照明和疏散指示系统维护更新后，道路隧道内应急照明亮度应满足设计要求，系统的应急工作时间应满足相关规范要求。

9.1.4 消防应急照明灯具应按产品使用说明书进行维护，维护后灯具各项特性参数应符合相关技术标准的规定。

9.2 技术状态评估指标

9.2.1 消防应急照明系统涉及的设备其技术状态指标应满足国家、地方相关规范、标准的要求。

9.2.2 消防应急照明系统的技术状态评估指标及得分应符合本标准附录中表 C-5 的规定。

9.3 日常检查与养护

9.3.1 消防应急照明系统的日常养护应符合下列要求：

1 日常养护应按现行国家标准《建筑消防设施的维护管理》GB 25201 和现行上海市工程建设规范《市政道路机电系统维护技术规程》DG/TJ 08—2171 以及设备维修保养技术文件执行。

2 养护单位应巡查消防应急照明系统运行情况，及时排除故障。

9.3.2 消防应急照明系统的检查内容及频次应符合表 9.3.2 的规定。

表 9.3.2 消防应急照明系统的检查内容及频次

序号	检查内容	检查频次
1	主线、横通道、疏散通道、电缆通道内应急照明的完好性	1 次/月
2	主线、横通道、疏散通道、电缆通道内应急照明系统手动应急启动功能	1 次/月
3	主线、横通道、疏散通道、电缆通道内应急照明系统自动应急启动功能	2 次/年
4	主线、横通道、疏散通道、电缆通道内应急照明系统持续应急工作时间	1 次/季
5	疏散指示系统标志完好，清晰可见，指示信息正确	1 次/月

9.4 在线检测

9.4.1 在线检测应符合下列要求：

1 消防应急照明和疏散指示系统应实时上传相关的状态信息。

2 信息上传的频次应为设备可上传的状态信息的最高频次，且不宜低于 1 次/分钟。

3 上传信息的格式应满足通用数据接口标准。

9.4.2 在线检测应包含下列内容：

1 消防应急照明和疏散指示系统等的运行状态参数。

2 故障信息。

9.5 技术状态评估

9.5.1 消防应急照明系统的技术状态评估按本标准第 4 章的方法进行评定。

9.5.2 消防应急照明系统的技术状态评估应与其他消防系统的评估时间、标准保持一致。

10 附属用房消防系统的养护

10.1 一般规定

10.1.1 附属用房中同一类消防系统应提供同样的信息与接口格式。

10.1.2 日常检查的频次应符合各系统日常检查与维护的要求；巡查可采用人工与信息化手段结合的方式；发现异常情况时，应予以报告，并做好记录，必要时应进行拍照和摄像。

10.1.3 养护单位应及时处理附属用房各类报警，排除故障，复位报警信号，排查误报原因。

10.1.4 附属用房消防系统的检查评估结果宜列入消防设施技术状态评估体系。

10.1.5 附属用房中消防系统的使用时间达到其设计寿命50%以上时，维修保养的频次宜增加至原来的1.2倍。

10.2 日常检查与养护

10.2.1 附属用房消防系统的日常检查，应观察各类消防设备的外观、运转情况、与中央控制室的连接，并判断有无异常。

10.2.2 附属用房消防系统的检查评估可按本标准第4～9章的相关规定执行。

10.3 技术状态评估

10.3.1 附属用房各消防系统的技术状态评估应按本标准第4章

的方法进行评定。

10.3.2 附属用房各消防系统的评估指标、权重确定及评估方法应满足相关规范、标准的要求。

10.3.3 附属用房各消防系统的技术状态评估应与其他消防系统的评估时间、标准保持一致。

11 现场综合检测与评估

11.1 一般规定

11.1.1 现场综合检测与评估前，所有涉及的消防系统及设备应处于运行状态。

11.1.2 开展现场综合检测时，各消防设备应保持与正常时一致的工作参数与状态，测试前及测试时不得人为调整消防设备的工作参数。

11.1.3 养护单位应记录现场综合检测前后30 d内涉及的所有消防系统及设备的运行日志，且应将运行日志作为现场综合检测报告的必备附件之一。

11.1.4 主管部门应牵头成立包括养护单位及专业消防单位成员在内的现场综合检测领导小组。

11.1.5 现场综合检测领导小组应在测试前3 d和测试后通告道路隧道养护单位、相关主管部门和公众。

11.1.6 养护单位、设备供应商、设备维护商等应安排专业技术人员参与现场综合检测。

11.2 时间与频次

11.2.1 每年应至少开展1次现场综合检测，并应满足现行上海市工程建设规范《市政道路机电系统维护技术规程》DG/TJ 08—2171关于现场测试的最低频次要求。

11.2.2 单条隧道宜在不同隧道孔内各开展1次综合检测点火试验。

11.3　技术状态的评估标准

11.3.1　现场综合检测应对单个消防系统及消防设施整体给出评估结果。

11.3.2　单个消防系统的响应及指标应满足测试道路隧道的设计文件要求；当设计文件无规定时，应满足国家及行业相关的产品技术规范标准。

11.3.3　消防设施整体的响应及指标需满足测试道路隧道的设计文件要求；当设计文件无规定时，应满足国家及行业相关的产品技术规范标准。

11.3.4　养护单位管理人员应响应正确、及时，并满足预案及相关安全管理制度的要求。

11.3.5　现场综合检测的评定标准应按表 11.3.5 执行。

表 11.3.5　现场综合检测的评定标准

	消防系统	指标内容	合格标准
消防设施	系统整体联动	联动情况	满足设计要求
	火灾报警系统	处于正常运行状态且可正常响应指令	是
		漏报/误报	否
		火灾报警响应时间	＜60 s
		火灾定位误差	小于设计的消防分区
		报警长度	不超过 50 m
	消防给水和灭火系统	处于正常运行状态且可正常响应指令	是
		火灾报警后联动响应	满足规范或设计技术要求
		喷放位置	覆盖设计分区
		喷头水量、喷放强度	正常

续表11.3.5

	消防系统	指标内容	合格标准
消防设施	通风和排烟系统	处于正常运行状态且可正常响应指令	是
		风机启动时间	满足设计要求
		排烟阀	正常启动
	疏散、救援和防火分隔系统	处于正常运行状态	是
		疏散指示应急转换时间	＜5 s
		逃生口盖板	正常开启
	消防应急照明系统	处于正常运行状态	是
		应急转换时间	＜5 s
		应急照明时间	满足设计要求

11.4 方法与步骤

11.4.1 点火位置应符合下列要求：

1 现场综合检测领导小组应在测试前 24 h 内公布测试计划，测试前 1 h 选择测试火源位置。

2 测试火源位置宜结合道路隧道实际情况，基于最不利火灾场景的原则确定。

3 测试应选择在车辆相对较少时进行，两车道及以下道路隧道宜封路进行测试。

11.4.2 测试火源应符合下列要求：

1 测试火源应模拟道路隧道内一般场景、最不利场景及若干特殊典型场景。

2 测试火源宜采用单点火源。

3 测试火源应符合本标准附录 D 的规定。

11.4.3 测试工况应符合下列要求：

1 道路隧道内风速宜考虑 6.0 m/s、2.5 m/s 和 0.0 m/s 三种工况。

2 至少有 1 次点火测试应联动水喷淋阀、泡沫阀组及通风排烟等系统。

11.4.4 测试内容应包含以下内容：

1 火灾探测器的报警响应时间。

2 火灾报警系统的火源位置定位。

3 火灾报警控制器的响应时间。

4 应急广播的启动响应时间、实际功能等。

5 消防灭火系统的联动响应时间与正确性。

6 通风排烟系统的启动时间。

7 疏散救援系统的启动响应时间与实际疏散功能。

8 应急照明系统的启动响应时间与实际功能。

11.4.5 测试步骤应符合下列要求：

1 应收集测试道路隧道及其消防设施的技术资料，制定详细的评判指标及标准。

2 应制订详细的测试方案及应急处置预案，并对测试各参与部门、人员技术交底。

3 应确保各系统处于运行状态，并记录测试道路隧道环境参数、各消防系统运行状态参数。

4 应校对统一各消防系统的时间。

5 准备工作就绪后，应由现场综合检测领导小组下达点火命令，并完成本标准附录 E 记录表。

6 中控室监控人员及道路隧道养护部门应根据预案开展火灾工况处置，并记录各责任人及节点的实施时间。

7 火灾报警系统报警后 2 min 或点火后 3 min，应启动通风排烟系统，检测排烟系统的控烟功能。

8 启动水消防系统，扑灭火源。

9　测试现场清理与交通恢复。

11.5　综合检测与评估报告

11.5.1　测试结束后,应出具正式的道路隧道消防设施现场综合检测评估报告。

11.5.2　道路隧道消防设施现场综合检测评估报告应附由参与各方签字确认的现场记录表及各消防系统测试期间的运行日志与记录等附件。

12 维 修

12.1 一般规定

12.1.1 消防设施的维修应包括小修、应急抢修和大修，并应满足现行上海市工程建设规范《市政道路机电系统维护技术规程》DG/TJ 08—2171 的相关规定。

12.1.2 消防设施的小修应包括定期轮修和故障点重点检修。养护单位应编制相应的消防设施定期轮修计划，并按计划开展维修工作。

12.1.3 消防设施的应急抢修应包括消防设施突发故障排除、功能修复、业务恢复等工作。养护单位应编制相应的应急预案，并按预案开展应急抢修工作。

12.1.4 养护单位应根据消防设施的技术状况及评估结果及时开展消防设施的维修工作。

12.1.5 小修工程不应中断系统或设备的运行。

12.1.6 消防系统设备维修更换应保证原有设备的功能及性能不降低，宜对设备进行优化升级。

12.1.7 消防系统设备维修更换宜采用成熟的新设备与新技术。

12.1.8 消防系统出现故障后应在 24 h 内完成报送及维修。需由供应商或者生产企业提供零配件时，应在 5 个工作日内完成。

12.1.9 消防设施进行维修时，应对故障部位采取有效的消防安全措施，不得中断或屏蔽。

12.1.10 承担维修的单位应制定维修作业指导书，对维修人员进行相关培训，确保各项维修操作符合产品技术手册与作业指导书的要求。

12.1.11 承担维修的单位应做好维修记录，与养护单位各执 1 份，并保存至该产品报废。

12.2 维修标准

12.2.1 当消防设施技术状态评估结果为合格及以上时，各消防系统或设备的维修及更换应参照国家及地方相关标准执行。

12.2.2 当单个消防系统或设备技术状态评估为不合格时，应及时开展维修作业。若维修后仍不合格，应进行更换。

12.2.3 当消防设施技术状态评估为不合格，且满足下列条件之一时，应开展消防设施的大修：

1 技术状态不合格的消防系统数大于 40%。

2 消防设施连续 3 次技术状态评估不合格。

3 专家论证会建议大修。

13 养护信息管理

13.1 一般规定

13.1.1 养护单位宜根据道路隧道实际情况，建立道路隧道消防设施智慧养护系统，实现消防设备实时动态的安全状态评估与检测、养护工作的标准化、规范化。

13.1.2 道路隧道消防设施智慧养护系统应包括设备管理、设备养护、设备状态评估及火灾应急响应等模块。

13.1.3 养护单位接收新建道路隧道时，应对消防设施进行全面的检测与评估，详细记录评估结果及初始存在的缺陷及问题，并导入消防设施智慧养护系统。

13.1.4 养护单位应通过多种信息手段对司乘人员进行道路隧道火灾报警、疏散、救援等安全知识宣传。

13.2 智慧化运维

13.2.1 消防设施养护应积极推进信息化、智能化技术的应用，实现预防性养护。

13.2.2 养护单位宜根据消防设施配置情况和道路隧道火灾事故积累的运行经验，逐步挖掘及探索有效的火灾预警、灭火及养护方法。

13.2.3 养护单位应根据道路隧道实际状况，对消防设施的工作参数在积累与分析的基础上，进行科学、适时的调整。

13.2.4 养护单位应完整、真实记录养护过程的下列信息：

1 日常检查记录及处理措施、处置人。

2　日常各设备运行日志及关键参数。

3　日常故障信息、处置方法、处置人。

4　火情事故完整文字、数据及视频等信息。

5　火情事故分析报告及后评估报告。

13.3　技术文档资料管理

13.3.1　养护单位应建立完善的消防设施、设备竣工图、竣工资料、技术手册、操作规程、检查评估流程图、检查评估记录等技术档案。技术档案应保留至下一次设备大修完成。

13.3.2　技术文档资料应包括消防设施技术方案、图纸、软件文件、数据库设计资料、系统运行和维护手册、设备技术手册以及消防设施的检测记录及技术状况评估报告等。

13.3.3　技术文档资料管理宜采用信息化手段，确保技术资料的完整性、真实性和连续性。

13.3.4　技术文档资料管理应符合国家及地方相关标准规范的要求。

附录A 消防设施现场综合检测评估报告

A.0.1 消防设施现场综合检测评估报告封面应包括下列内容：

道路隧道消防设施现场综合检测评估报告

隧道名称：________________

报告编号：________________

检测日期：________________

报告编制人（签字）：____________

报告校核人（签字）：____________

报告编制单位（公章）：__________

报告日期：____年____月____日

A.0.2 消防设施现场综合检测评估报告正文应包括下列内容：

1. 隧道概况

简述道路隧道消防设施设置等基本情况。

2. 现场综合检测情况（应包括试验工况、试验设备及测点布置及各系统响应情况等图表信息及分析）。

3. 结论与建议

4. 附件

附件一：消防设施现场综合检测记录表（附录E）

附件二：消防系统及设备的运行日志

附件三：现场试验照片、视频等

附录B 消防设施技术状态评估报告

B.0.1 道路隧道消防设施技术状态评估报告封面应包括下列内容：

道路隧道消防设施技术状态评估报告

隧道名称：____________________

报告编号：____________________

检测日期：____________________

报告编制人(签字)：______________

报告校核人(签字)：______________

报告编制单位(公章)：____________

报告日期：____年____月____日

B.0.2 道路隧道消防设施技术状态评估报告正文应包括下列内容：

1. 隧道概况

简述道路隧道消防设施设置等基本情况。

2. 隧道消防设施技术状态

简述自上次技术状态评估以来，道路隧道消防设施日常检查、在线检测、现场综合检测评估等的情况；故障情况；维修保养情况等。

2.1 日常检查与评估情况

2.2 在线检测与评估情况

2.3 现场综合检测与评估情况

3. 结论与建议

附件一：日常检查评估汇总表

附件二：在线检测评估汇总表

附件三：消防设施现场综合检测评估报告(附录A)

附录C　消防设施技术状态评估表

表 C-1　火灾报警系统技术状态评估

序号	消防设备	评估指标	类别	评估得分			
1	火灾探测器	处于运行状态且可正常响应指令	A	状态	运行且可正常响应	不运行或无响应	—
				得分	100	0	—
		火灾报警响应时间	A	状态	<30 s	30 s～60 s	>60 s
				得分	95	85	0
		火灾误报率	A	状态	<1 次/(年·2 千米)	1 次/(年·2 千米)～1 次/(年·千米)	>1 次/(年·千米)
				得分	95	85	50
		漏报率	A	状态	0	1 次/年～2 次/年	>2 次/年
				得分	100	50	0
		故障率	A	状态	<1 次/年	1 次/年～2 次/年	>2 次/年
				得分	95	60	0
		火灾定位误差	B	状态	小于设计规定的消防分区	大于设计规定的消防分区 20%以内	大于设计规定的消防分区 20%以上
				得分	100	85	20

续表 C-1

序号	消防设备	评估指标	类别	评估得分			
2	火灾报警控制器	处于运行状态且可正常响应指令	A	状态	运行且可正常响应	不运行或无响应	—
				得分	100	0	—
		火灾报警响应时间	A	状态	<5 s	5 s～10 s	>10 s
				得分	90	65	0
		故障报警响应时间	B	状态	<5 s	5 s～10 s	>10 s
				得分	90	65	0
		联动控制功能	A	状态	满足设计技术要求	不满足设计技术要求	—
				得分	100	0	—
		报警信息显示功能	B	状态	满足设计技术要求	不满足设计技术要求	—
				得分	90	50	—
		误报率	A	状态	<1 次/(年·2 千米)	1 次/(年·2 千米)～1 次/(年·千米)	>1 次/(年·千米)
				得分	95	85	50
		故障率	B	状态	<1 次/年	1 次/年～2 次/年	>2 次/年
				得分	95	60	0
3	区域模块控制器	处于运行状态且可正常响应指令	A	状态	运行且可正常响应	不运行或无响应	—
				得分	100	0	—
		故障率	B	状态	<1 次/年	1 次/年～2 次/年	>2 次/年
				得分	95	60	0

续表 C-1

序号	消防设备	评估指标	类别	评估得分			
4	图形显示工作站	处于运行状态且可正常显示	A	状态	运行且可正常显示	不运行或显示不正常	—
				得分	100	0	—
		故障率	B	状态	<2 次/年	2 次/年～3 次/年	>4 次/年
				得分	90	60	0
5	手动报警按钮	处于运行状态且可正常响应指令	A	状态	运行且可响应	不运行或无响应	—
				得分	100	0	—
		位置及响应正确性	A	状态	正确	错误	—
				得分	100	0	—
		故障率	B	状态	<1 次/年	1 次/年～2 次/年	>2 次/年
				得分	90	60	0
6	声光报警器	处于运行状态且可正常报警	A	状态	运行且可正常报警	不运行或无报警	—
				得分	100	0	—
		声音声压级	A	状态	满足设计技术要求	不满足	—
				得分	100	0	—
		故障率	B	状态	<1 次/年	1 次/年～2 次/年	>2 次/年
				得分	90	60	0

续表 C-1

序号	消防设备	评估指标	类别	评估得分			
7	消防电话系统	处于运行状态且可正常通话	A	状态	运行且可正常通话	不运行或无响应	—
				得分	100	0	—
		呼叫响应的正确性	A	状态	正确	错误	—
				得分	100	0	—
		通话语音的清晰性	B	状态	清晰	模糊	—
				得分	100	60	—
		故障率	B	状态	＜1 次/年	1 次/年～2 次/年	＞2 次/年
				得分	95	60	0
8	应急广播系统	处于运行状态且可正常广播	A	状态	运行且可正常广播	不运行或无响应	—
				得分	100	0	—
		报警联动功能	A	状态	正常	不正常	—
				得分	100	0	—
		音区切换控制功能	B	状态	正常	不正常	—
				得分	100	0	—
		人工广播功能	B	状态	正常	不正常	—
				得分	100	0	—

续表 C-1

序号	消防设备	评估指标	类别	评估得分			
8	应急广播系统	广播语音的清晰性	B	状态	清晰	模糊	—
				得分	100	60	—
		故障率	B	状态	<1 次/年	1 次/年~2 次/年	>2 次/年
				得分	95	60	0
9	气体灭火报警系统	处于运行状态且可正常响应指令	A	状态	运行且可正常报警	不运行或无响应	—
				得分	100	0	—
		故障率	B	状态	<1 次/年	1 次/年~2 次/年	>2 次/年
				得分	90	60	0
10	防火门监控系统	处于运行状态且可正常响应指令	A	状态	运行且可响应	不运行或无响应	—
				得分	100	0	—
		故障率	B	状态	<2 次/年	2 次/年~3 次/年	>3 次/年
				得分	90	60	0

表 C-2　消防给水和灭火系统技术状态评估

序号	消防设备	评估指标	类别	评估得分			
1	给水系统	处于运行状态且可正常响应指令	A	状态	运行且可正常响应	不运行或无响应	—
				得分	100	0	—
		进水功能及用水点喷放强度	A	状态	满足设计技术要求	不满足设计技术要求	—
				得分	100	0	—
		腐蚀、渗漏	B	状态	无	轻微	严重
				得分	100	60	0
		泡沫液状态(液位、混合比)	B	状态	满足设计技术要求	不满足设计技术要求	—
				得分	100	0	—
		故障率	B	状态	<1 次/年	1 次/年～2 次/年	>2 次/年
				得分	90	60	0
2	气体顶压消防给水设备	处于运行状态且可正常响应指令	A	状态	运行且可正常响应	不运行或无响应	—
				得分	100	0	—
		损伤、泄漏	B	状态	无	轻微	严重
				得分	100	85	0
		故障率	B	状态	<2 次/年	2 次/年～3 次/年	>3 次/年
				得分	90	60	0

续表 C-2

序号	消防设备	评估指标	类别	评估得分			
3	水泵	处于运行状态且可正常响应指令	A	状态	运行且可正常响应	不运行或无响应	—
				得分	100	0	—
		运行平稳性	B	状态	平稳无杂音	有轻微振动	振动、杂音严重
				得分	100	60	0
		故障率	A	状态	<1 次/年	1 次/年～2 次/年	>2 次/年
				得分	95	60	0
4	电器控制柜	处于运行状态且可正常显示	A	状态	运行且可正常显示	不运行或显示不正常	—
				得分	100	0	—
		控制功能	A	状态	满足设计技术要求	不能启停及控制	—
				得分	100	0	—
		故障率	B	状态	<2 次/年	2 次/年～3 次/年	>3 次/年
				得分	95	60	0
5	水泵结合器	处于运行状态且可正常响应指令	A	状态	运行且可响应	不运行或无响应	—
				得分	100	0	—
		变形、损伤	B	状态	无	轻微	严重
				得分	100	85	20
6	管道	变形、损伤	B	状态	无	轻微	严重
				得分	100	85	20
		渗漏	A	状态	无	轻微	严重
				得分	100	85	20

续表 C-2

序号	消防设备	评估指标	类别	评估得分			
7	阀门	处于运行状态	A	状态	运行	不运行或无响应	—
				得分	100	0	—
		开启时间	A	状态	满足设计技术要求	超过规定时间 1.5 倍	卡顿或卡死
				得分	100	60	0
		开闭完好性	A	状态	满足设计技术要求	不密实或不能完全打开	—
				得分	100	0	—
		故障率	B	状态	<2 次/年	2 次/年～3 次/年	>3 次/年
				得分	90	60	0
8	消火栓	处于运行状态	A	状态	运行	不运行或无响应	—
				得分	100	0	—
		出水性能	A	状态	满足设计技术要求	不满足设计技术要求	—
				得分	100	0	—
		损伤渗漏情况	B	状态	无	轻微	严重
				得分	100	85	40
		故障率	B	状态	<1 次/年	1 次/年～2 次/年	>2 次/年
				得分	90	60	20

续表 C-2

序号	消防设备	评估指标	类别	评估得分			
9	报警阀组	处于运行状态且可正常工作	A	状态	运行且可正常工作	不运行或无响应	—
				得分	100	0	—
		开启情况	A	状态	满足设计技术要求	卡顿	卡死
				得分	100	60	0
		报警功能	A	状态	完好	漏报或误报	—
				得分	100	20	—
		故障率	B	状态	<1 次/年	1 次/年～2 次/年	>2 次/年
				得分	95	60	0
10	喷头	处于运行状态且可正常工作	A	状态	运行且可正常工作	不运行或无响应	—
				得分	100	0	—
		射程/覆盖半径	B	状态	全覆盖	80%覆盖	<80%覆盖
				得分	100	60	0
		故障率	B	状态	<1 次/年	1 次/年～2 次/年	>2 次/年
				得分	95	60	0
11	水流监控组	处于运行状态且可正常工作	A	状态	运行且可正常工作	不运行或无响应	—
				得分	100	0	—
		故障率	B	状态	<1 次/年	1 次/年～2 次/年	>2 次/年
				得分	90	60	0

表 C-3　通风和排烟系统技术状态评估

序号	消防设备	评估指标	类别	评估得分			
1	送风机	处于运行状态且可正常响应指令	A	状态	运行且可正常响应	不运行或无响应	—
				得分	100	0	—
		风量风压	A	状态	满足设计技术要求	不满足设计技术要求	—
				得分	100	0	—
		运行平稳性	B	状态	平稳无杂音	有轻微振动	振动、杂音严重
				得分	100	85	0
		启动时间	B	状态	小于设计技术要求	超过设计技术要求	—
				得分	100	30	—
		故障率	B	状态	＜1 次/年	1 次/年～2 次/年	＞2 次/年
				得分	90	60	0
2	排烟风机	处于运行状态且可正常响应指令	A	状态	运行且可正常响应	不运行或无响应	—
				得分	100	0	—
		风量风压	A	状态	满足设计技术要求	不满足设计技术要求	—
				得分	100	0	—
		运行平稳性	B	状态	平稳无杂音	轻微振动	振动、杂音严重
				得分	100	85	0
		启动时间	A	状态	小于设计技术要求	超过设计技术要求	—
				得分	100	40	—
		故障率	B	状态	＜1 次/年	1 次/年～2 次/年	＞2 次/年
				得分	90	60	0

续表 C-3

序号	消防设备	评估指标	类别	评估得分			
3	射流风机	处于运行状态且可正常响应指令	A	状态	运行且可正常响应	不运行或无响应	—
				得分	100	0	—
		风量风压	A	状态	满足设计技术要求	不满足设计技术要求	—
				得分	100	0	—
		运行平稳性	B	状态	平稳无杂音	轻微振动	振动、杂音严重
				得分	100	85	0
		启动时间	A	状态	小于设计技术要求	超过设计技术要求	—
				得分	100	40	—
		正反转切换时间	B	状态	小于设计技术要求	超过设计技术要求	—
				得分	100	40	—
		故障率	B	状态	＜1 次/年	1 次/年～2 次/年	＞2 次/年
				得分	95	60	0
4	送风口	处于运行状态且可正常显示	A	状态	运行且可正常显示	不运行或显示不正常	—
				得分	100	0	—
		启闭控制	A	状态	正确	错误	—
				得分	100	0	—
		故障率	B	状态	＜2 次/年	2 次/年～3 次/年	＞4 次/年
				得分	100	60	0

续表 C-3

序号	消防设备	评估指标	类别	评估得分			
5	排烟口	处于运行状态且可正常响应指令	A	状态	运行且可响应	不运行或无响应	—
				得分	100	0	—
		启闭控制	A	状态	正确	错误	—
				得分	100	0	—
		故障率	B	状态	<1 次/年	1 次/年～2 次/年	>2 次/年
				得分	90	60	0
6	排烟阀	处于运行状态且可正常报警	A	状态	运行且可正常报警	不运行或无报警	—
				得分	100	0	—
		开启时间	A	状态	满足设计技术要求	超过规定时间 1.5 倍	卡顿
				得分	100	60	0
		开闭完好性	A	状态	满足设计技术要求	不密实或不能完全打开	—
				得分	100	0	—
		故障率	B	状态	<1 次/年	1 次/年～2 次/年	>2 次/年
				得分	90	60	0
7	防火阀	处于运行状态且可正常通话	A	状态	运行且可正常通话	不运行或无响应	—
				得分	100	0	—
		开启时间	A	状态	满足设计技术要求	超过规定时间 1.5 倍	卡顿
				得分	100	60	0

续表 C-3

序号	消防设备	评估指标	类别	评估得分			
7	防火阀	开闭完好性	A	状态	满足设计技术要求	不密实或不能完全打开	—
				得分	100	0	—
		故障率	B	状态	<1 次/年	1 次/年～2 次/年	>2 次/年
				得分	90	60	0
8	排烟防火阀	处于运行状态且可正常通话	A	状态	运行且可正常通话	不运行或无响应	—
				得分	100	0	—
		开启时间	A	状态	满足设计技术要求	超过规定时间 1.5 倍	卡顿
				得分	100	60	0
		开闭完好性	A	状态	满足设计技术要求	不密实或不能完全打开	—
				得分	100	0	—
		故障率	B	状态	<1 次/年	1 次/年～2 次/年	>2 次/年
				得分	100	60	0
9	通风管道	变形、损伤	B	状态	无	轻微	严重
				得分	100	85	20
		漏风	A	状态	无	轻微	严重
				得分	100	85	20

表 C-4　疏散、救援和防火分隔系统技术状态评估

序号	消防设备	评估指标	类别	评估得分			
1	疏散与救援通道	处于运行状态且可正常响应指令	A	状态	运行且可正常响应	不运行或无响应	—
				得分	100	0	—
		启闭功能	A	状态	正常开启关闭	开启关闭困难	不能开启关闭
				得分	100	70	0
		通畅程度	B	状态	无障碍物	有障碍物	—
				得分	100	0	—
		故障率	B	状态	<1次/年	1次/年～2次/年	>2次/年
				得分	90	60	0
2	疏散楼（滑）梯	处于运行状态且可正常响应指令	A	状态	运行且可正常响应	不运行或无响应	—
				得分	100	0	—
		逃生口盖板启闭	A	状态	正常开启关闭	开启关闭困难	不能开启关闭
				得分	100	30	0
		通畅程度	B	状态	无障碍物	有障碍物	—
				得分	100	0	—
		故障率	B	状态	<1次/年	1次/年～2次/年	>2次/年
				得分	90	60	0
3	疏散指示系统	处于运行状态且可正常响应指令	A	状态	运行且可正常响应	不运行或无响应	—
				得分	100	0	—

续表 C-4

序号	消防设备	评估指标	类别	评估得分			
3	疏散指示系统	亮度	A	状态	满足设计技术要求	不满足设计技术要求	—
				得分	100	0	—
		应急转换时间	A	状态	<1 s	1 s～5 s	>5 s
				得分	95	85	20
		应急放电时间	A	状态	满足设计技术要求	不满足设计技术要求	—
				得分	100	0	—
		故障率	B	状态	<1 次/年	1 次/年～2 次/年	>2 次/年
				得分	90	60	0
4	应急车辆及停车场地	处于运行状态且可正常使用	A	状态	运行且可正常使用	无法正常使用	—
				得分	100	0	—
		停车场地	B	状态	满足设计技术要求	不满足设计技术要求	—
				得分	100	0	—
		故障率	B	状态	<2 次/年	2 次/年～3 次/年	>4 次/年
				得分	90	60	0
5	应急救援物资储放场所	场地状况	B	状态	满足设计技术要求	不满足设计技术要求	—
				得分	100	0	—
		应急物资	A	状态	满足设计技术要求	不满足设计技术要求	—
				得分	100	0	—
6	防火墙、防火门及防火卷帘	处于运行状态且可正常启闭	A	状态	运行且可正常启闭	不运行或无法正常启闭	—
				得分	100	0	—

表 C-5　消防应急照明系统技术状态评估

序号	消防设备	评估指标	类别	评估得分			
1	照明灯具	处于运行状态且可正常响应指令	A	状态	运行且可正常响应	不运行或无响应	—
				得分	100	0	—
		手动/自动应急启动功能	A	状态	满足设计技术要求	不满足设计技术要求	—
				得分	100	0	—
		故障率	B	状态	<1 次/年	1 次/年～2 次/年	>2 次/年
				得分	100	60	0
2	电源	处于运行状态且可正常响应指令	A	状态	运行且可正常响应	不运行或无响应	—
				得分	100	0	—
		应急转换时间	A	状态	满足设计技术要求	不满足设计技术要求	—
				得分	100	0	—
		持续应急工作时间	A	状态	满足设计技术要求	不满足设计技术要求	—
				得分	100	0	—
		故障率	B	状态	<1 次/年	1 次/年～2 次/年	>2 次/年
				得分	90	60	0
3	配电箱	处于运行状态且可正常响应指令	A	状态	运行且可正常响应	不运行或无响应	—
				得分	100	0	—
		故障率	B	状态	<1 次/年	1 次/年～2 次/年	>2 次/年
				得分	100	60	0

附录 D　消防设施现场综合检测火灾模拟方法

D.0.1　火源规模

现场综合测试火灾规模宜为 1 MW。

D.0.2　燃料

1　现场综合测试使用的燃料宜为柴油和汽油。

2　测试前加注燃料时，应先加注轻柴油燃料，然后再加注汽油燃料。

D.0.3　试验火盘

1　试验火盘用来盛放燃料，试验标准火盘内部容积尺寸(长×宽×深)为 50 cm×50 cm×20 cm，各尺寸误差不应超过 0.5 cm，标准火盘模拟 0.5 MW 的火源规模。

2　在模拟 1 MW 火源规模的火灾试验，应选取 2 个标准火盘作为燃料容器。

3　试验火盘底部距地面的高度宜为 20 cm～40 cm。

4　试验火盘应采用厚度不小于 2.0 mm 的钢板制备且不应发生泄漏。

D.0.4　水衬规则

1　向标准火盘里添加燃料时，应先注入水形成深度为 3 cm～5 cm 的水衬。

2　每次试验开始前，应重新加注试验火盘的水衬。

3　试验火非正常熄灭时，应将试验火盘中含油污水废弃，再次试验时应重新加注水衬。

4　试验之前水衬的水温应接近环境温度，控制在 15℃～30℃范围内。

D.0.5 点火器

1 点火器用来引燃试验火盘中的燃料。

2 点火器为长度不小于 1.8 m 的金属杆,一端紧固缠绕棉纱,棉纱包覆金属杆长度为 10 cm 且不应垂曳。点火人员距离燃烧盘边缘的水平距离不宜少于 1.5 m。

3 点火时应保证点火人员和现场其他人员的安全,点火人员应采取足够的个人防护措施,现场其他人员应与燃烧盘保持足够的安全距离。

D.0.6 试验火点燃规则

1 点火时,点火器的棉纱上浇少许汽油,用打火机点燃后迅速引燃试验火的汽油燃料;随即将点火器棉纱端置入一个封闭的金属筒内熄火。

2 用点火器引火时,应利用试验火罩来遮挡,避免由点火器火苗引发火灾报警器动作。

D.0.7 试验火熄灭规则

1 正常情况下,点燃后的试验火应自然熄灭,燃烧持续时间应不小于 5 min。

2 非正常情况下需要熄灭试验火时,应站在试验火的上侧风向用手推式干粉灭火器灭火。

3 在火灾试验结束后,应清除道路隧道内所有烟气。

D.0.8 火源功率测试

1 在试验中,可使用失重法进行火源功率测试:在燃料盘下方放置称重天平,测量燃料的质量随时间的变化关系,通过燃料的质量损失速率和燃料热值相乘,获得火源功率。

D.0.9 试验人员与设备安全

1 点火试验期间,道路隧道内不应有其他明火或高温物体,应确保燃料不泄漏、流淌到地面。

2 试验时,应配置专业灭火器,实验人员应佩戴防护手套、口罩等。

3 当试验现场充满烟气时，现场人员应视情况佩戴过滤式呼吸器。

4 应采用铝箔、石膏板和石棉等不燃隔热材料，保护高温下容易受到破坏的设备、仪器和装置。

附表 E　消防设施现场综合检测记录表

隧道名称：____________________ 日期：__________ 测试编号：__________

1. 隧道内环境参数 温度(℃)　　　　　　　　　　　　　　大气压(Pa) 湿度(%)　　　　　　　　　　　　　　环境风速(m/s)
2. 测试参数 火源位置　　　　　　　　距入口距离：　　　　　　　　车道： 火灾规模(MW) 点火时间　　：　： 结束时间　　：　：
3. 测试现象记录 (1) 火灾报警系统　　　　是否报警：是 □ 否 □　　报警时间：　：　： 　　　　　　　　　　　　报警位置： (2) 消防给水和灭火系统　　是否动作：是 □ 否 □　　动作时间：　：　： 　　　　　　　　　　　　启动的分区： (3) 通风和排烟系统　　　是否动作：是 □ 否 □　　动作时间：　：　： 　　　　　　　　　　　　启动的组数及位置： (4) 疏散、救援和防火分隔系统　是否动作：是 □ 否 □　　动作时间：　：　： 　　　　　　　　　　　　疏散标志应急转换时间：　s (5) 消防应急照明系统　　是否动作：是 □ 否 □　　动作时间：　：　： (6) 其他
备注

记录人(签名)：　　　　　　　　　　　　校核人(签名)：

本标准用词说明

1 为便于在执行本标准条文时区别对待，对要求严格程度不同的用词说明如下：

1) 表示很严格，非这样做不可的用词：

正面词采用“必须”；

反面词采用“严禁”。

2) 表示严格，在正常情况下均应这样做的用词：

正面词采用“应”；

反面词采用“不应”或“不得”。

3) 表示允许稍有选择，在条件许可时首先应这样做的用词：

正面词采用“宜”；

反面词采用“不宜”。

4) 表示有选择，在一定条件下可以这样做的用词，采用“可”。

2 条文中指明应按其他有关标准执行时的写法为“应符合……的规定”或“应按……执行”。

引用标准名录

1 《火灾报警控制器》GB 4717
2 《特种火灾探测器》GB 15631
3 《线型感温火灾探测器》GB 16280
4 《消防联动控制系统》GB 16806
5 《火灾显示盘》GB 17429
6 《手动火灾报警按钮》GB 19880
7 《建筑消防设施的维护管理》GB 25201
8 《火灾探测报警产品的维修保养与报废》GB 29837
9 《建筑设计防火规范》GB 50016
10 《建筑物防雷设计规范》GB 50057
11 《火灾自动报警系统设计规范》GB 50116
12 《火灾自动报警系统施工及验收标准》GB 50166
13 《自动喷水灭火系统施工及验收规范》GB 50261
14 《消防给水及消火栓系统技术规范》GB 50974
15 《消防应急照明和疏散指示系统技术标准》GB 51309
16 《公路隧道设计规范》JTG D70
17 《公路隧道照明设计细则》JTG/T D70/2—01
18 《公路隧道通风设计细则》JTG/T D70/2—02
19 《公路隧道养护技术规范》JTG H12
20 《市政道路机电系统维护技术规程》DG/TJ 08—2171
21 《隧道养护技术规程》DG/TJ 08—2175
22 《消防设施物联网系统技术标准》DG/TJ 08—2251

上海市工程建设规范

道路隧道消防设施养护技术标准

DG/TJ 08—2378—2021
J 15984—2021

条 文 说 明

2022 上海

目　次

Contents

1 总 则

1.0.1 设备的技术状态包括设备的运行状态及设备的性能状态。设备的运行状态用来表征设备是否处于缺失、损坏、待机或开机运行的状态；而设备的性能状态用来表征设备是否能够实现设计功能的状态。为确保消防设施能够达到预期目标，统一养护技术标准，提高消防设施的养护质量，本标准体现了维持设备运行状态及其性能状态并重的思想。

3 基本规定

3.1 养护内容与流程

3.1.2 为了全面反映消防设施的技术状态，本条规定了日常检查、综合检测以及在线检测三种手段。对于重要消防系统或设备，建议开展实时在线运行检测。

3.2 养护管理

3.2.1 消防设施养护对专业技术能力和设备的要求较高，为了提高消防设施养护的效率，保障消防设施处于正常的技术状态，建议由道路隧道养护单位牵头组织具有相应专业能力和养护经验的单位开展工作。

3.2.3 消防设施养护对专业技术能力要求较高，应建立养护人员持证上岗制度，如要求持消防设施操作员证或注册消防工程师证书等上岗。

4 检测与评估

4.5 技术状态评估

4.5.3 根据重要性,将消防系统及单项消防设备分为A和B两类,其中关系消防设备性能状态以及可能对人身安全造成危害的为A类,其他为B类。

4.5.4 按影响消防安全的重要程度将单项设备的评估指标分为A和B两类,其中关系消防设备性能状态以及可能对人身安全造成危害的为A类,其他为B类。

4.5.6 消防设施技术状态的评估得分计算方法:

1 单项设备的评估得分主要考虑了其完好率及单个设备的评估得分。其中完好率根据日常检查及在线检查反馈的数据计算。单个设备的评估得分根据对单项设备进行评估指标检查的结果确定。本标准给出了不同单向设备的评估指标。

2 消防设施、消防系统的评估得分通过对其所包含的所有消防系统/单项设备得分进行加权计算的基础上得到。

4.5.8 现场综合检测是针对消防设施的实战检验,其结果更能反映消防设施整体的技术状态。因此,当现场综合检测不合格时,则消防设施总体等级即评为不合格。

5　火灾报警系统的养护

5.2　技术状态评估指标

基于对大量运营道路隧道火灾（火情）案例的调研分析及对实际运营火灾报警系统工作性能（误报、漏报及故障等）的调研和分析，结合上海市道路隧道运行环境，提出了相关的评估指标。

6　消防给水和灭火系统的养护

6.2　技术状态评估指标

基于对大量运营道路隧道火灾（火情）案例的调研分析及对实际运营道路隧道自动灭火系统统工作性能（泄漏、误喷及故障等）的调研和分析，结合上海市道路隧道运行环境，提出了相关的评估指标。

7 通风和排烟系统的养护

7.2 技术状态评估指标

基于对大量运营道路隧道火灾(火情)案例的调研分析及对实际运营道路隧道通风和排烟系统工作性能的调研和分析,结合上海市道路隧道运行环境,提出了相关的评估指标。

7.4 在线检测

7.4.2 风机、排烟阀、与风机连锁的排烟防火阀以及加压送风口等设备的运行状态是表征通风和排烟系统技术状态的关键,故纳入了在线检测范围。

10 附属用房消防系统的养护

10.1 一般规定

10.1.1 为达到对道路隧道附属用房中消防系统的建设、养护、检修,评估等环节的操作和控制标准化,规范化,规定了其同一类的消防系统应提供同样的信息与接口格式。